BABY'S *first* Tattoo

A Memory Book for Modern Parents

JIM MULLEN

Illustrations by Barry Blitt

SIMON & SCHUSTER New York London Toronto Sydney Singapore

SIMON & SCHUSTER
Rockefeller Center
1230 Avenue of the Americas
New York, NY 10020

Text copyright © 2002 by Jim Mullen
Illustrations copyright © 2002 by Barry Blitt
All rights reserved,
including the right of reproduction
in whole or in part in any form.

SIMON & SCHUSTER and colophon are registered trademarks of Simon & Schuster Inc.

For information regarding special discounts for bulk purchases,
please contact Simon & Schuster Special Sales at 1-800-456-6798
or business@simonandschuster.com

Designed by Bonni Leon Berman

Manufactured in the United States of America

1   3   5   7   9   10   8   6   4   2

Library of Congress Cataloging-in-Publication Data is available.

ISBN 0-7432-2445-0

Baby's First Tattoo

Introduction

*T*here are two kinds of babies in the world: the cute, cuddly, cherubic bundles of joy and the real ones. This book is for parents who are thinking of having, who are near having, or who have recently had a real baby. Even if you want the other kind, chances are that you will get a real, crying, screaming, nerve-shredding baby instead.

While most books marking your baby's milestones concentrate on minor events like Baby's First Word, and Baby's First Tooth, *Baby's First Tattoo* lets you relive the unforgettable moments in your baby's life that are too often ignored: Baby's First Tantrum in a Crowded Grocery Store, Baby's First Dirt-Eating, Baby's First Test of Wills.

Unlike the old-fashioned baby books you will find in your parents' attic, this book is meant to be filled out beyond page four, and will also give you a timely warning as to what new hell you can expect

from your child next. Will today be the day you make two visits to the emergency room or just your First Panic Call to Poison Control?

People often say to me, "If babies are such a bother and a burden, why do people keep having them?" And I say, "Because they have poor memories." To which they say, "What were we just talking about?"

The other reason is that parents, quite naturally, like to brag about their children. They play up the good things and avoid the bad. You will always hear about Billy's first step. You will rarely hear about Billy's first day in juvenile court, even if you were one of his victims. You will most definitely hear about Betty's first haircut, yet the day she bit the neighbor kid so hard he needed stitches in his hand is somehow glossed over. *Baby's First Tattoo* presents life with a new child the way it really is, not the way it should be.

Checklist of What to Take to the Hospital

☐ Video Camera   ☐ New Baby Books

☐ Nightgowns   ☐ Slippers

☐ Medicine   ☐ Portable CD Player (and CDs)

☐ Toiletry Kit   ☐ Cash for TV Rental

Person Who Forgot to Take the Bag We Had Packed with All That in It . . . .

Baby's Home Town. . . . .

Hospital We Were Going to When Baby Was Born . . . .
. . . .

Hospital Cab Driver Was Going to When Baby Was Born. . . . .

Cause of Traffic Jam That Kept Us from Getting to the Hospital
. . . .

Name of Cab Driver/Policeman Who Helped Deliver Baby. . . . .
. . . .

Nationality of Cab Driver . . . .

Business Trip Baby's Dad Was on While All This Happened . . . .

. . . .

Why He Couldn't Have Scheduled It During the Nine Months

Before Baby Was Born . . . .

Hours Baby's Dad Stopped Working During the Entire Pregnancy

and Delivery (if any) . . . .

Chances Baby Would Be Born if Men Got Pregnant . . . .

Good Career Mom Gave Up to

Have Baby . . . .

HMO That Kicked Mom Out of the

Hospital After 24 Hours . . . .

. . . .

Length of Postpartum Depression

(if over) . . . .

Name of Cab Driver Who Helped
Deliver You

Baby's Statistics

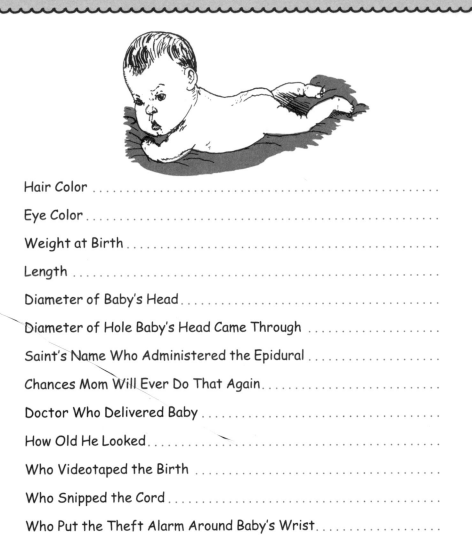

Hair Color . . . .

Eye Color . . . .

Weight at Birth . . . .

Length . . . .

Diameter of Baby's Head . . . .

Diameter of Hole Baby's Head Came Through . . . .

Saint's Name Who Administered the Epidural . . . .

Chances Mom Will Ever Do That Again . . . .

Doctor Who Delivered Baby . . . .

How Old He Looked . . . .

Who Videotaped the Birth . . . .

Who Snipped the Cord . . . .

Who Put the Theft Alarm Around Baby's Wrist . . . .

Baby's Circumcision

Hours Parents Talked About This Before Mom Got Pregnant . . . .

Hours Parents Talked About This After Mom Got Pregnant . . . .

What do women know about it, anyway? . . . .

Did I really marry this jerk? All this *agita* over a useless piece

of skin.* . . . .

Is she kidding? A woman won't get her hair cut without a month's

thought. But you think it's OK to snip off a man's penis? . . . .

. . . .

Your Circumcision

* Old Joke Alert! What do you call the useless piece of skin attached to a man's
penis? A man.

Baby's First Visitors

The Guy Who Fixed the Hospital TV . . . .

Lady Who Sold Mom Expensive "First Pictures" of New Baby . . . . . .

. . . .

Admitting Clerk Wanting a Check to Cover the Bill Until It Gets

Straightened Out with the Insurance Company . . . .

Flower Delivery Guy . . . .

Nurse's Aide with Lunch . . . .

Balloon Delivery Guy . . . .

Baby's Doctor, if Applicable . . . .

Baby's First Visitors

The Day you came home

Date . . . .

Number of Days Worth of Dishes in the Sink . . . .

Number of Empty Beer Cans Lying Around . . . .

Pounds of Laundry Waiting to Be Washed . . . .

Name of Fairy Who Dad Thinks Does All This . . . .

Number of Loads of Wash Parents Did Each Week Before Baby

Was Born . . . .

Number of Loads of Wash Parents Do Since Baby Was Born . . . .

. . . .

13

Who or What Baby Was Named After

Jewelry Store . . . .

Character on *Friends* . . . .

Character on *Moesha* . . . .

Character on *The X-Files* . . . .

New Age Guru . . . .

Movie Star . . . .

Movie Character . . . .

Pop Star . . . .

Druid Priest/Priestess . . . .

Millions of Parents Who Were Thinking the Same Thing . . . .

Percent of Kids in Baby's Class Who Will Have the Same Name . . . . .

. . . .

How Many Times Baby Will Have to Say "That's with an 'I' Not a

'Y' " in Its Life . . . .

Traumatizing Nickname Baby Will Be Stuck with for Life That Parents Never Considered Until Baby Came Home from School Crying. . . . .

What Parents Were Drinking/Smoking When They Came Up with It . . . .

Relatives Who Are Still Not Talking to Parents About This . . . .

. . . .

"Chad" "Prince" "Sting" "Deepak" "Gladiola"

Who or what you were named after

15

What Not to Name the Baby

Boys	Girls
Beauregard	Imelda
Cosmo	Leona
Rush	Tawana
Surijul	Moon Unit
Kato	Tonya
Dweezil	Tawnee
Tupac	Picabo
Newt	LaToya
Keanu	Kathie Lee
O.J.	One-Eye
Jaba	Camilla
Hootie	Maude
P. Diddy	Ephigene
Conan	Wynnona
Indiana	Salt
North Dakota	Pepa
Rupert	Ivana

For Juniors Only

Junior's First Manifestation of Neurotic Behavior . . . .

Junior's First Bullying Episode . . . .

First Time Junior Got Caught Torturing a Cat . . . .

First Grade They Held Junior Back . . . .

Junior's First Time in Juvenile Court . . . .

Junior's Dad's Problem . . . .

Junior's Mom's Problem . . . .

~~~~~~

"Switched at Birth" *Newspaper Clippings*

"Stolen from Hospital by Stranger" *Newspaper Clippings*

"High School Dropout Posing as Ob-Gyn Delivers Baby" *Clippings*

"Woman Gives Birth in Cab" Clippings

"Surgeon Removes Wrong Leg" at the Same Hospital You Were in Clipping

"Mom Survives 48-Hour Labor at Local Hospital" Baby's Birth Announcement in Local Paper

Mementos

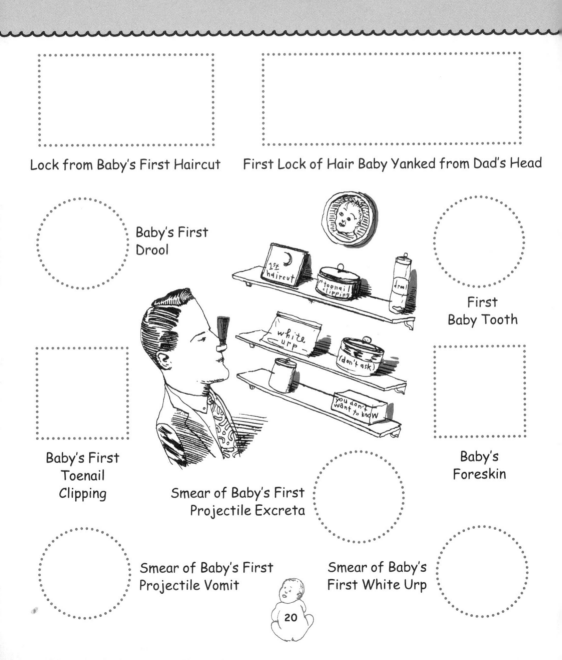

Lock from Baby's First Haircut

First Lock of Hair Baby Yanked from Dad's Head

Baby's First Drool

First Baby Tooth

Baby's First Toenail Clipping

Smear of Baby's First Projectile Excreta

Baby's Foreskin

Smear of Baby's First Projectile Vomit

Smear of Baby's First White Urp

Baby's First Diaper

Most Dirty Diapers in a Day . . . .

Who Does 99.9% of the Changing . . . .

Number of Diapers That Officially Fit into a Diaper Genie™ . . . .

Number Parents Have Managed to Fit . . . .

Nicest Place Parents Have Changed a Diaper . . . .

Worst Place Parents Have Hidden a Diaper. . . . .

Average Number of Seconds Before Baby Soils a Brand New Diaper . . .

Number of Times Baby Peed on Dad Before Work . . . .

Baby's First Locomotion

Action	*Reaction*
Held Head Up.	First Fall . . . .
Rolled Over.	First "Ow"-ie . . . .
Crawled	First Belly Flop . . . .
Sat Up	First Stumble . . . .
Walked. . . . .

Baby's First Locomotion

22

How your Parents Met

Internet Chat Room . . . .

Biker Bar . . . .

Bar/Dorm/Office Party . . . .

What Dad Was Drinking . . . .

How Many Dad Had . . . .

What Mom Was Drinking . . . .

How Many Mom Had . . . .

Their Song . . . .

Day They Got Married . . . .

Day Baby Was Born . . . .

Making Baby "Officially" Premature by . . . . Days/Months

Baby's Family Tree

Mother. . . . .

Birth Mother . . . .

Egg Donor . . . .

Father . . . .

Biological Father . . . .

Sperm Donor (if known) . . . .

Special Situations:

Other Mommy's Name . . . .

Daddy's Special Friend. . . . .

Birth Mother's Lawyer's Name. . . . .

Length of Custody Battle . . . .

Cost of Custody Battle. . . . .

Court Ordered Visitation Rights and/or Restraining Orders . . . .

Media Spokesperson, Mother's Side. . . . .

Media Spokesperson, Father's Side . . . .

Media Spokesperson, Birth Mother's Side . . . .

Media Spokesperson, Grandparents' Side . . . .

T V S h o w s B a b y ' s
A p p e a r e d O n

Sally Jessy Raphaël . . . .   Date/s . . . .

Jerry Springer . . . .   Date/s . . . .

Maury Povich . . . .   Date/s . . . .

Oprah . . . .   Date/s . . . .

48 Hours . . . .   Date/s . . . .

Dateline . . . .   Date/s . . . .

60 Minutes . . . .   Date/s . . . .

Good Morning America . . . .   Date/s . . . .

Today show . . . .   Date/s . . . .

MTV's Spring Break . . . .   Date/s . . . .

Cops . . . .   Date/s . . . .

Taxicab Confessions . . . .   Date/s . . . .

Barbara Walters Special . . . .   Date/s . . . .

TV Shows You've Appeared on (60 Minutes)

25

Siblings

Brothers . . . .

. . . .

Sisters . . . .

. . . .

Stepbrothers . . . .   Visitation Rights . . . .

. . . .

Stepsisters . . . .   Visitation Rights . . . .

. . . .

Half Brothers . . . .   Visitation Rights . . . .

. . . .

Half Sisters . . . .   Visitation Rights . . . .

. . . .

"Weird" Uncles . . . .   Length of Parole . . . .

. . . .

26

Grandparents

Mother's Side

What They Like Baby to Call Them . . . . & . . . .

How Hurt They Were That Baby Wasn't Named After One of Them

. . . .

Exactly How They Would Raise Baby Differently . . . .

. . . .

How Many Times a Day They Tell Parents What They're Doing Wrong

. . . .

Times They Show Up Each Week Without Calling First . . . .

Things They Give Baby That They Never Gave Parents . . . .

. . . .

First Time Baby Talked to Grammy on the Phone. . . . .

Minutes Baby Said Nothing Even Though We Can't Shut Baby Up

Any Other Time. . . . .

Father's Side

What They Like Baby to Call Them . . . . & . . . .

How Hurt They Were That Baby Wasn't Named After One of Them

. . . .

Grandparents

Exactly How They Would Raise Baby Differently . . . .

. . . .

How Many Times a Day They Tell Parents What They're Doing Wrong

. . . .

Times They Show Up Each Week Without Calling First . . . .

Things They Give Baby That They Never Gave Parents . . . .

. . . .

First Time Baby Talked to Grammy on the Phone . . . .

Minutes Baby Said Nothing Even Though We Can't Shut Baby Up

Any Other Time . . . .

Grandparents

Special People in Baby's Life

Stepfather

Number of Children Living with His First Wife . . . .

Monthly Child Support . . . .   Months He's Usually Behind. . . . . .

What He Wants Baby to Call Him . . . .

Stepfather's Family

Ex-Wife's Name . . . .   Reason She Left Him . . . .

Difference Between the Way He Treats Baby and the Way He

Treats His Own Kids . . . .

Stepmother

Ex-Husband's Name . . . . Reason He Left Her . . . .

What She Wants Baby to Call Her . . . .

Difference Between the Way She Treats Baby and the Way She

Treats Her Own Kids . . . .

Stepgrandparents

Court Ordered Visitation Days . . . .

How Much It Cost Them to Get Those . . . .

Years Court Battle Lasted. . . . .

Mother

Egg Donor

Birth Mother

Mommy's
Special
Friend

Baby-Sitter

Family
Tree

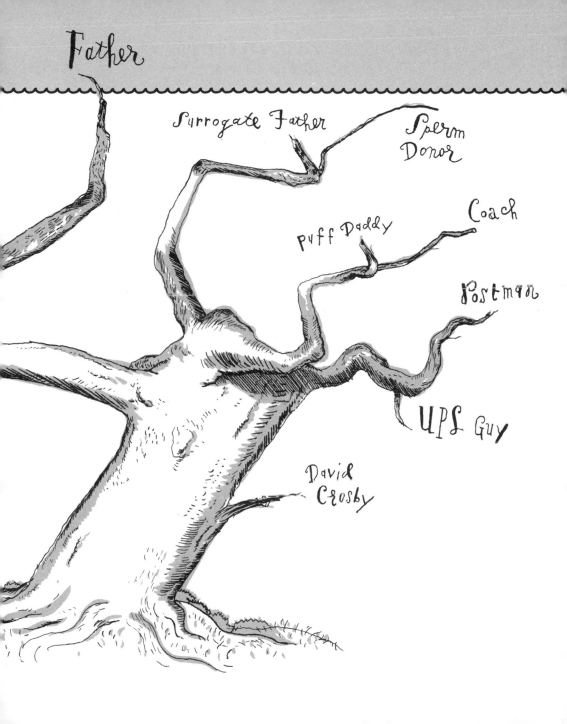

Disciplining the Problem Grandparents

Times you've had to tell them that a $300 antique porcelain doll is not an appropriate gift for a baby. . . . .

Times you've had to say, "Please don't say, 'She's dressed like a ragamuffin,' " in front of the child. . . . .

Times you've had to tell them, "Thanks for the clothes, but could you get something that doesn't have to be dry-cleaned next time?" . . . .

Times you've had to tell them, "Thanks for the clothes, but could you get something that doesn't have to be ironed next time?" . . . .

Times you've had to tell them, "Thanks for the clothes, but could you get something that isn't white next time?" . . . .

Times you've had to tell them, "Thanks for the clothes, but could you get something that doesn't have tiny buttons my child will choke on next time?" . . . .

Times you've said, "She's two months old and you bought her a thong?". . . . .

Wildly Inappropriate Gifts Grandparents Are Not Allowed to Bring in the House

Little Black Sambo Books

Baby's First Shotgun

WWF Action Figures

SimBrewery

Candy Cigarettes

Jar Jar Binks Doll

Hooters Barbie

Chewing Tobacco

Baby's First Craps Game

Baby's First ATM Card

Baby's First Day Runner

Disciplining the Problem Grandparent

Baby's Sleep

Where Baby Sleeps. . . . .

Hours Baby Slept the First Night (if any). . . . .

Hours Baby Slept the Second Night (if any). . . . .

First Time Baby Slept All Night (include year). . . . .

Length of Time Your Father Would Let Baby Cry If I Let Him

. . . .

First Time Baby Cried All Night

. . . .

First Time Baby Screamed All Night

. . . .

First Night Terror Episode

. . . .

Baby's Stated Bedtime

. . . .

Baby's Real Bedtime

. . . .

Parents' Sleep

34

Parents' Sleep

Hours the First Week . . . .

Hours the Second Week . . . .

Hours the Third Week. . . . .

Parents First Fight over Ferberism . . . .

Parents Second Fight over Ferberism . . . .

Parents First Fight with Other Parents over Ferberism . . . .

First Night Dad Leaves the Family Bed to Go Sleep on the Sofa

. . . .

Mom's First Sign of Sleep Deprivation. . . . .

Mom's First Attempt at Self-Medication . . . .

Mom's First Valium Prescription. . . . .

Mom's First Talk With Dad About Getting a Nanny. . . . .

First Nanny's Name. . . . .

Nanny's First Sign of Sleep Deprivation . . . .

Nanny's First Attempt at Self-Medication . . . .

Second Nanny's Name. . . . .

First Nanny's Lawyer's Name . . . .

35

How Long It Took Baby to Figure Out How to Get Out of

Crib. . . . .

Highchair. . . . .

Baby Swing . . . .

Playpen. . . . .

Bouncy Chair. . . . .

Stroller . . . .

Car Seat . . . .

How long it took baby to figure out how to get out of highchair

36

Adventure Land

How Far Baby Can Crawl When Parents Are Watching . . . .

. . . .

How Far Baby Can Crawl When Parents Turn Their Heads for Half

a Second . . . .

. . . .

Places Baby Crawls That Parents Didn't Think Possible . . . .

. . . .

Cause of Baby First Scab/Bruise. . . . .

. . . .

Funny Looks People Give Parents in the Grocery Store When

They See It . . . .

How Parents Laugh It Off When People Ask About Baby's

Scab/Bruise . . . .

Hours Parents Wonder if They Believed It or Not . . . .

Most Disgusting Thing Baby Has Ever Put in Its Mouth. . . . .

. . . .

Most Disgusting Thing Parents Have Ever Put in Their Mouths

. . . .

Last Time Mom and Dad Had Sex

Can't Remember Day . . . .

Can't Remember Month . . . .

Can't Remember Year . . . .

The last time Mom and Dad had sex

Restaurants We Never Go to Anymore . . . .

. . . .

. . . .

Places We've Been Asked to Leave . . . .

. . . .

. . . .

Child-Free Friends We Never See Anymore. . . . .

. . . .

. . . .

Oscar-Winning Movies We've Never Seen. . . . .

. . . .

. . . .

Overseas Places We'll Never See . . . .

. . . .

. . . .

First Neighbor to Move Away. . . . .

Breast-Feeding

What Mom's Closest Relatives Think About It . . . .

. . . .

How Often They Tell Mom What They Think About It . . . .

. . . .

The Last Time Daddy Showed Interest in Breasts . . . .

. . . .

First Time Baby Suckled Dad's Nipple by Mistake . . . .

. . . .

How High He Jumped . . . .

How Loud He Screamed . . . .

How Mom Labels Your Breast Milk in the Office Refrigerator . . . . .

. . . .

Name of Guy Who Used It in His Coffee . . . .

How Much He Puked When Mom Told Him What It Was . . . .

. . . .

Baby's Favorite Food

Applesauce with Squash . . . .

Peaches with Squash . . . .

Mashed Bananas with Squash . . . . . .

Spinach with Squash . . . .

Butternut Squash with Squash . . . . .

Baby's Favorite Food

Most Parents Ever Paid for a Two-Ounce Serving of Squash . . . .

. . . .

Baby's First Picky Eating Incident . . . .

Formerly Favorite Food Baby Suddenly Decided Not to Eat . . . .

. . . .

First Time Baby Ate Dirt . . . .

How Quickly We Got Baby to the E.R. Afterward . . . .

. . . .

How Many Times a Week Baby Eats Dirt Now . . . .

How Much Dirt Costs . . . .

Baby's First Web Page

URL . . . . @ . . . . .com

Length of Videotape of Birth on Streaming Video. . . . .

Baby's First E-mail Address . . . . @ . . . .

Baby's First Chat Room Handle. . . . .

Baby's First Video Game . . . .

First Time Baby Created Virus. . . . .

First Inappropriate Web Site Baby Visited . . . .

First Time Baby Overrode Parental Controls . . . .

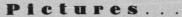
That Are Only Here to Embarrass Baby on Prom Night Eighteen Years from Now, Perhaps Emotionally Scarring the Child Forever

Baby's Progress

Baby's First Bath . . . .

First Time Baby Rolled Over by Itself . . . . .

. . . .

First Time Baby Crawled . . . .

Stuff Parents Put in Storage Because

Baby Started Crawling . . . .

. . . .

First Time Baby Pulled Itself Up . . . .

First Time Baby Reached for Object . . . .

First Time Baby Broke an Irreplaceable Heirloom . . . .

Baby's First Drink from a Bottle . . . .

Baby's First Burp . . . .

Clothes Ruined . . . .

. . . .

. . . .

First Bath

First time
Baby crawled

Baby's First Solid Food ...

. . . .

First Spitting Up Solid Food

. . . .

Baby's First Meal . . . .

. . . .

First Spitting Up Solid Food

First Meal Cleanup . . . .

First Time Baby Stood Up . . . .

Baby's First Tooth . . . .

Baby's First Orthodontist Appointment . . . .

First Orthodontist's Bill . . . .

Baby's First Step . . . .

Baby's First Pair of $100 Shoes . . . .

   Times Worn . . . .

Baby's First Haircut . . . .

Baby's First Santa Visit . . . .

Baby's First Birthday . . . .

First Haircut

First Time Baby Cried Because Batteries Weren't Included . . . .

. . . .

Baby's Regress

First Time Baby Refused to Eat. . . . .

First Time Baby Sassed Back . . . .

Baby's First Time-Out . . . .

Baby's First Attack of Limp Legs. . . . .

Baby's First Crayon on a Wall . . . .

Baby's First Hitting Other Children . . . . . .

Baby's First Spanking . . . .

Baby's First Breath Holding . . . .

First Spanking

First Time Baby Ran Away from Home . . . .

First Time Baby Nearly Poked Out Eye on Sharp Corner . . . .

First Time Mom Asked, "What's the Point of Having Decent Furniture?"

Parents' First Threat to Drop Baby off at Orphanage . . . .

Baby's First Caning . . . .

Baby's First Time in Family Stockade. . . . .

Baby's First Time in "The Hole" . . . .

First Trip to Gramps and Grammy's

Miles Away They Live . . . .

Hours it Takes to Get There by Plane. . . . .

The One Thing in the Entire World That Keeps Baby from Crying

. . . .

Who Forgot to Pack It . . . .

Hours Baby Screamed While the Plane Sat on the Runway . . . .

. . . .

First Diaper Changed on Plane . . . .

Name of First Passenger to Complain . . . .

How Many Seconds After Flight Landed Baby Stopped Crying . . . . .

. . . .

Number of People Who Gave Parents Dirty Looks . . . .

. . . .

47

The Stuff We Have to Carry with Us Every Single Goddamn Place We Go Checklist

- [ ] Car Seat
- [ ] Stroller
- [ ] Diaper Bag
- [ ] Dirty Diaper Bag
- [ ] Pacifiers
- [ ] Rattles
- [ ] Bottles
- [ ] Juice
- [ ] Milk
- [ ] Medicine
- [ ] Teething Rings
- [ ] Wet Wipes
- [ ] Spare Clothes
- [ ] Favorite Blankie
- [ ] Bibs
- [ ] Baby Spoons
- [ ] Sippy Cups

The Stuff we have to carry with us every single Goddamn place we go checklist

The Stuff We Forget to Carry with Us Every Single Goddamn Place We Go Checklist

- [ ] Car Seat
- [ ] Stroller
- [ ] Diaper Bag
- [ ] Dirty Diaper Bag
- [ ] Pacifiers
- [ ] Rattles
- [ ] Bottles
- [ ] Juice
- [ ] Milk
- [ ] Medicine
- [ ] Teething Rings
- [ ] Wet Wipes
- [ ] Spare Clothes
- [ ] Favorite Blankie
- [ ] Bibs
- [ ] Baby Spoons
- [ ] Sippy Cups

49

Baby's First Words

Baby's First Word . . . .

First Day Baby Says "Mama" . . . .

First Day Baby Says "Dada" . . . .

Baby's First Four-Letter Word . . . .

Public Place We Were in When It Was Spoken . . . .

First Time Parents Said "No" . . . .

First Time Parents Said "Don't Touch" . . . .

First Person to Ask Parents to Stop Bringing Baby to Church

. . . .

Baby's First Words

Baby's First Baby-Sitter

Her Name . . . .

Her Age . . . .

Hours Parents Left Her Alone with Baby . . . .

How Much Parents Paid Her per Hour . . . .

Hours It Took Dad to Drive Her Home . . . .

Blocks Away She Lives . . . .

Length of Argument When Dad Got Back . . . .

Baby-Sitter's First Lawyer . . . .

Baby's Childhood Diseases

Pinworm.   Date/s . . . .

Head Lice . . . .   Date/s . . . .

Earache.   Date/s . . . .

Diarrhea . . . .   Date/s . . . .

Chicken Pox . . . .   Date . . . .

Diphtheria . . . .   Date . . . .

Mumps . . . .   Date . . . .

Whooping Cough . . . .   Date/s . . . .

Asthma Attack . . . .   Date/s . . . .

Bronchitis. . . . .   Date/s . . . .

Pneumonia. . . . .   Date/s . . . .

Impetigo . . . .   Date/s . . . .

Cradle Cap. . . . .   Date/s . . . .

Eczema .... Date/s ....

Croup .... Date/s ....

Jaundice .... Date/s ....

Lead Poisoning .... Date/s ....

Depression .... Date/s ....

Strep Throat .... Date/s ....

Tonsillitis .... Date/s ....

Blocked Bowel .... Date/s ....

Attention Deficit Disorder..... Date/s ....

Cold and Flu .... Date/s ....

Eating Disorders .... Date/s ....

Substance Abuse .... Date/s ....

Allergies .... Date/s ....

Baby's Medicines

Name . . . . Price . . . . . . Color* . . . . . . Bad Reaction . . . . . .

Name . . . . Price . . . . . . Color . . . . Bad Reaction . . . . . .

Name . . . . Price . . . . . . Color . . . . Bad Reaction . . . . . .

Name . . . . Price . . . . . . Color . . . . Bad Reaction . . . . . .

Name . . . . Price . . . . . . Color . . . . Bad Reaction . . . . . .

First Trip to Emergency Room . . . .

Second Trip (if less than 24 hours later) . . . .

Most Trips to Emergency Room in One Day. . . . .

Name of First Doctor Who Didn't Seem to Understand

the Problem . . . .

Name of Second Doctor Who Didn't Seem to Understand

the Problem . . . .

Doctor We're Seeing Now. . . . .

* Color of stain medicine will leave on expensive baby clothes

54

Baby's Life-Threatening, Attention-Getting, Conversation-Monopolizing Allergies

Cow's Milk

Peanuts

All Nuts

Gluten

Corn

StarLink Corn

Latex

Tree Pollen

Mold Spores

Dust Mites

Cat Hair

Shellfish

Squash

Soap

Anything Inexpensive

Baby Expenses

Cost of Education . . . .

Doctors and Hospitals . . . .

Religious Education (CCD, Hebrew School, etc.) . . . .

Primary . . . .

Secondary . . . .

Extras (Uniforms, Lost Books, Instruments, Dues, Sports

Equipment, Camps) . . . .

Regular Clothes . . . .

Food . . . .

Snacks . . . .

Cable TV . . . .

Christmas and Birthday Presents . . . .

Tutors, Special Ed, Therapists, Summer School . . . .

Outward Bound . . . .

PSAT Tutors . . . .

SAT Tutors . . . .

First Automobile . . . .

Repairing First Automobile . . . .

Auto Insurance . . . .

College Consultants . . . .

College Tours, Travel, etc. . . . .

College (5 years) . . . .

Cost of Spring Break . . . .

Fraternity/Sorority Dues . . . .

Career Counseling . . . .

Grad School . . . .

Cost of Finding Oneself . . . .

Miscellaneous . . . .

. . . .

. . . .

Total (in millions) . . . .

Things Mommy and Daddy Fight About All the Time

Money. . . . .

The In-Laws . . . .

Diaper Changing. . . . .

Lack of Sleep . . . .

Grandparents Dropping In All the Time. . . . .

Dad's No Help. . . . .

Dad Can Find the Time to Go Drinking with His Friends but Not the

Time to Wash the Dishes . . . .

Who Is Not Helping Enough Around the House . . . .

Money. . . . .

Lack of Sex. . . . .

Money. . . . .

Baby's Potty Training

First Diaper Changed . . . .

Last Diaper Changed . . . .

Total Number of Diapers Changed (in thousands) . . . .

Metric Tons of Baby's Fecal Matter Added to Nearby Landfill

. . . .

Miles in Space Landfill Can Be Seen from . . . .

Baby's First Diaper

Baby's First Pet

Baby's First Pet

Pet Name. . . . .

Species (if Known). . . . .

Breed . . . .

Times Baby Begged and Screamed to Have This Pet. . . . .

First Time Baby Promised to Feed This Pet . . . .

. . . .

Times Baby Actually Fed Pet . . . .

Cause of Pet's Death (i.e., neglect, starvation, suicide) . . . .

. . . .

How Many Attended Pet's Moving Burial Service. . . . .

Spot Where Pet Is Buried. . . . .

Days After Burial Neighbor's Dog Dug It Up . . . .

Baby's First Day Care Center

Name of Day Care Center . . . .

Name of Day Care Center's Lawyer . . . .

Name of Lawyer Representing Other Parents . . . .

Plaintiff's Witness List . . . .

Baby's First Lawsuit . . . .

Baby's First Lawyer . . . .

First Presiding Judge . . . .

First Recovered Memory . . . .

61

School Days

Baby's First School . . . .

Baby's First Day at School . . . .

Baby's First Teacher's Name . . . .

First School Bus Driver to Quit . . . .

First Teacher's Meeting . . . .

Date Baby's Teacher Resigned . . . .

Baby's First Ritalin Prescription . . . .

First Day at Baby's Second School . . . .

First Day at Baby's Third School . . . .

Baby's First Day of Soccer Practice . . . .

Parents' First Fight with Baby's Coach . . . .

Parents' First Fight with Other Parents . . . .

News Clippings of Fight . . . .

Network News Video of Fight . . . .

First Reason They Gave for Holding Baby Back a Year . . . .

Real Reason They Held Baby Back . . . .

Baby's First Gang . . . .

Their Colors . . . . & . . . .

Growing Pains

Baby's First Exorcism. . . . .

Baby's First Tattoo. . . . .

Baby's First Body Piercing. . . . .

Baby's First Nose Ring . . . .

Baby's First Arrest. . . . .

Baby's First DWI. . . . .

Baby's First Automobile Totaled . . . .

What Baby's Car Insurance Would Cost if Parents Even Bothered

to Ask. . . . .

Most Times Baby Ever Watched the Same Video on a Single Day . . . . .

Baby's Favorite Videos. . . . .

. . . .

. . . .

Videos Baby Likes That Parents Can't Stand. . . . .

. . . .

. . . .

Most Inappropriate Thing Parents Ever Let Baby Watch by Accident

. . . .

The Big Blue Baby-sitter

Messages Baby Gets from Television

Just Ask, Santa Will Get It for You.

Kids on TV Have a Lot More Toys Than You Do.

The Best Restaurants Have Clowns and Play Areas.

Good Parents Take Their Kids to Disney World Almost Every Day.

Moms Don't Wear Bathrobes Until Noon on TV.

Moms and Dads Always Have Time for Their Kids on TV.

Nothing Is Out of Place in the Living Room on TV.

No One Ever Vacuums or Washes Dishes by Hand on TV.

TV Moms Cook the Whole Family a Nutritious Breakfast Every Day.

Those Olsen Twins Sure Are Cute, Not Like You.

No One Ever Cries Eating a Happy Meal.

At Your Age, Tiger Woods Was Already Playing Golf. What's the
Matter with You?

If It Doesn't Have the Word "Sugarcoated" on It, It's Not Edible.

Michael Jackson Was Out Supporting His Family at Your Age.
Are You Sure You Can't Sing or Dance?

Why Go Outside and Play When the Television's in Here?

Baby's First Trip
to the Store

Name of Supermarket . . . .

First Item Spilled or Broken . . . .

Baby's First Tantrum in Supermarket . . . .

Number of People Who Said They Would Spank Baby if Parents Didn't

. . . .

Where Parents Left Cart Full of Frozen Food When They Had to

Drag Baby Screaming and Yelling out to the Parking Lot . . . .

. . . .

First Time Baby's Body Went Limp/Rigid. . . . .

First trip to the store

66

The Birds and the Bees

How Baby First Learned About Sex . . . .

. . . .

. . . .

. . . .

. . . .

. . . .

. . . .

. . . .

. . . .

. . . .

Who Forgot to Lock the Bedroom Door . . . .

Who Had to Explain What Was Taking Place . . . .

Do You Have a Gifted Child?

Does your child "act out"?

Is your child easily bored?

Is it hard for your child to sit still?

Does your child hit other children?

Is your child always in trouble?

Does your child cause a fit at bedtime?

Is your child selfish and needy?

Has your child been asked not to return to play group?

Do other parents not return your calls?

Has every baby-sitter you've ever had quit?

Does your child throw tantrums in public?

Does your child torture the pets?

Has your child ever "accidentally" destroyed your own or other

people's property?

Does your child have parents?

Do people leave the room when your child enters it?

If the answer to one or more of these questions is yes, then your

child may be "gifted."

Does Your Child Have a Learning Disability?

Does your child "act out"?

Is your child easily bored?

Is it hard for your child to sit still?

Does your child hit other children?

Is your child always in trouble?

Does your child cause a fit at bedtime?

Is your child selfish and needy?

Has your child been asked not to return to play group?

Do other parents not return your calls?

Has every baby-sitter you've ever had quit?

Does your child throw tantrums in public?

Does your child torture the pets?

Has your child ever "accidentally" destroyed your own or other people's property?

Does your child have parents?

Do people leave the room when your child enters it?

If the answer to one or more of these questions is "yes," then your child may have a learning disability.

Does Your Child Have
Attention Deficit Disorder?

Does your child "act out"?

Is your child easily bored?

Is it hard for your child to sit still?

Does your child hit other children?

Is your child always in trouble?

Does your child cause a fit at bedtime?

Is your child selfish and needy?

Has your child been asked not to return to play group?

Do other parents not return your calls?

Has every baby-sitter you've ever had quit?

Does your child throw tantrums in public?

Does your child torture the pets?

Has your child ever "accidentally" destroyed your own or other
people's property?

Does your child have parents?

Do people leave the room when your child enters it?

If the answer to one or more of these questions is "yes," then your
child may have ADD.

Do You Have a Pretty Much Average Kid?

Does your child "act out"?

Is your child easily bored?

Is it hard for your child to sit still?

Does your child hit other children?

Is your child always in trouble?

Does your child cause a fit at bedtime?

Is your child selfish and needy?

Has your child been asked not to return to play group?

Do other parents not return your calls?

Has every baby-sitter you've ever had quit?

Does your child throw tantrums in public?

Does your child torture the pets?

Has your child ever "accidentally" destroyed your own or other
people's property?

Does your child have parents?

Do people leave the room when your child enters it?

If the answer to one or more of these questions is "yes," then your
child may be a pretty much average kid.

You can't remember the last time you read a book without pictures in it.

You can't remember the last time you watched a television show that wasn't a cartoon.

You don't think it's unusual to say, "Don't put that in your mouth!" every ten seconds.

If a pacifier falls on the floor, it's sterile. If it falls in the toilet, it's dirty.

You've had a serious discussion with a spouse about black and sticky poop versus poop that is green with seeds.

You don't think it's unusual to do ten loads of laundry a week.

You've changed shirts seven times in one day.

You've snuck a dirty diaper into the trash in a public place.

You've spelled out a swear word at a business meeting.

You don't think it's unusual to have breast milk in the fridge.

You don't think it's weird to have fourteen kinds of juice in the fridge.

You've started to like eating cereal whose main ingredients are chocolate chips and marshmallow bits.

You can eat an entire meal with one hand.

You don't considered being peed on kinky anymore.

You think spitting on a stain and rubbing it is just as good as dry cleaning.

What Parents Talk About with Their Friends Now

To Ferber or Not to Ferber

Breast-Feeding, the Gritty Details

Analyzing Baby Poop

Bad Grandparent Behavior

Politically Incorrect Toys

Stroller Storage

Car Seat Etiquette

Bodily Fluid Familiarity

Diaper Diagnosis

Diseases Brought Home from Day Care
   That the Whole Family Will Catch

Scheduling Your Day Around a Nap

The Politics of Play Group

Overprotective Moms

Underprotective Moms

What They Used to Talk About

Movies

Books

Music

Art

Truth and Beauty

Travel

Fine Wine & Gourmet Food

I figure by the time my husband comes
home at night, if those kids are still alive,
I've done my job.

—Roseanne

There are two ways to travel.
First Class or with children.

—Robert Benchley

People who say they sleep like a baby
usually don't have one.

—Leo J. Burke

Insanity is hereditary—
you get it from your children.

—Sam Levenson

Cleaning your house while your kids
are still growing is like shoveling the
walk before it stops snowing.

—*Phyllis Diller*

When I meet a man I ask myself,
"Is this the man I want my children
to spend their weekends with?"

—*Rita Rudner*

All children are essentially criminal.

—*Denis Diderot*

Why can't we have an epidural
after they're born?

—*Anonymous*

JIM MULLEN has written the "Hot Sheet"
column for *Entertainment Weekly* for ten
years. His humor has also appeared in *The New
York Times, New York* magazine, and the *Village
Voice.* He is the author of *It Takes a Village
Idiot* and was a contributor to *Paisley Goes with
Nothing* by Hal Rubenstein.

BARRY BLITT is an editorial illustrator and
cartoonist whose work appears in major
magazines in North America and Europe. He
creates cartoons for *Entertainment Weekly*
and is a regular contributor to *The New York
Observer, The New Yorker, Esquire,* and
The New York Times.